이 책을 구석구석 탐험하면서 만화 속 친구들이 궁금해하는 질문에 답을 찾아보세요.
과학의 개념과 원리가 머릿속에 쏙쏙 들어올 거예요.

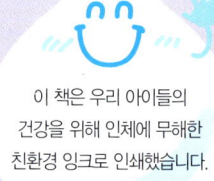

이 책은 우리 아이들의
건강을 위해 인체에 무해한
친환경 잉크로 인쇄했습니다.

글 정명숙
서울에서 태어나 강원대학교에서 철학을 공부했으며, 오스트레일리아에서 기자로 활동했습니다.
지금은 어린이 책 작가 모임인 '즐비'에서 역사와 예술, 철학과 전통문화에 관한 흥미롭고 재미있는 책을 쓰고 있습니다.
지은 책으로는 《명화로 보는 세계사》《세계 역사 첫발》《사라진 모나리자와 다 빈치의 비밀》《유엔 이야기》 등이 있습니다.

그림 강승구
동명대학교 컴퓨터그래픽학과를 졸업했으며, 온라인 게임 '리니지'의 그래픽 작업에 참여했습니다.
지금은 프리랜서 일러스트레이터로 활동하고 있습니다. 그린 책으로는 《헨젤과 그레텔》《안데르센 동화》 등이 있습니다.

최종 감수 여상인
서울대학교 화학교육학과를 졸업하였으며, 같은 학교 대학원에서 과학교육학 석사 및 박사 학위를 받았습니다.
지금은 경인교육대학교 과학교육학과에서 학생들을 가르치고 있으며, 아주대학교 과학영재교육원 초등과학 책임교수,
초등과학 실험분과 지도교수를 맡고 있습니다. 지은 책으로는 《고등학교 교과서-화학Ⅰ, Ⅱ》《물질의 상태》《상태 변화와 에너지》 등이 있습니다.

감수 류성철
서울대학교 물리학과를 졸업하였으며, '서울중등과학 실험놀이 교육연구회' 회장, '전국과학교사협회' 이사와 '신나는 과학을 만드는 사람들'의 대표를 지냈습니다.
지금은 노원고등학교에서 물리를 가르치고 있으며, 학생들에게 과학 원리를 쉽고 재미있게 전달하기 위해 다양한 활동을 하고 있습니다.
지은 책으로는 《개념 잡는 초등 과학 사전》 등이 있습니다.

초판 1쇄 발행 2019년 10월 4일
글 **정명숙** | 그림 **강승구** | 감수 **여상인, 류성철**

ⓒ 정명숙, 강승구 2019
　　ISBN 979-11-90267-08-3 77560

* 저작권법에 의하여 한국 내에서 보호를 받는 저작물이므로 무단 전재와 무단 복제를 금합니다. 이 도서의 국립중앙도서관 출판예정도서목록(CIP)은
  서지정보유통지원시스템 홈페이지(http://seoji.nl.go.kr)와 국가자료공동목록시스템(http://www.nl.go.kr/kolisnet)에서 이용하실 수 있습니다.
  (CiP제어번호 : CIP2019036464)
* 책값은 뒤표지에 있습니다.
* 잘못 만들어진 책은 구입하신 곳에서 바꾸어 드립니다.

발행처 주식회사 스푼북 | **발행인** 박상희 | **출판신고** 2016년 11월 15일 제2017-000267호
제조국 대한민국 | **주소** (03968) 서울시 마포구 성미산로 29, 302호
전화 02-6357-0050(편집) 02-6357-0051(마케팅)
팩스 02-6357-0052 | **전자우편** book@spoonbook.co.kr

KC	**제품명** 〈과학 속 원리 쏙〉 똑똑한 컴퓨터 씨 | **제조자명** 주식회사 스푼북	⚠ **주 의**
	제조국명 대한민국 | **전화번호** 02-6357-0050 | **주소** 서울시 마포구 성미산로 29, 302호	아이들이 모서리에 다치지 않도록
	제조년월 2019년 10월 4일 | **사용연령** 4세 이상	주의하세요
	※KC마크는 이 제품이 공통안전기준에 적합하였음을 의미합니다.	

 컴퓨터

똑똑한 컴퓨터 씨

글|정명숙 그림|강승구 감수|여상인, 류성철

스푼북

그날 밤, 지호는 살금살금 컴퓨터 앞으로 갔어요.
그런데 컴퓨터는 꺼져서 조용했지요.
"어, 게임이 어디로 갔지?"
형이 늘 게임을 할 수 있도록 컴퓨터를 켜 주었기 때문에
지호는 컴퓨터를 다룰 줄 몰랐어요.
"옳지, 이거다!"
지호가 겨우 버튼을 찾아 누르자 화면이 밝아졌어요.

나는 모니터야. 컴퓨터가 하는 일을 보여 주지.

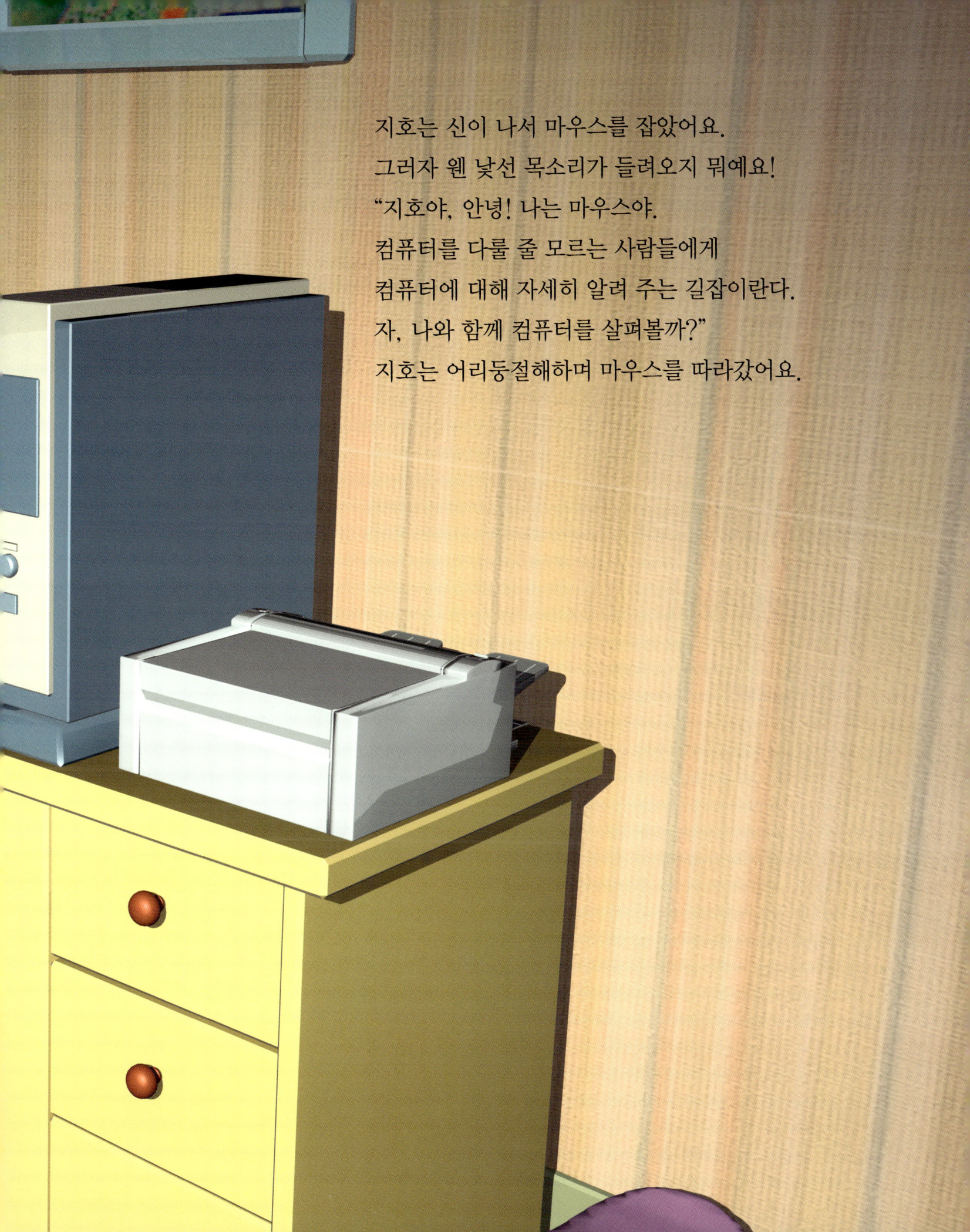

지호는 신이 나서 마우스를 잡았어요.
그러자 웬 낯선 목소리가 들려오지 뭐예요!
"지호야, 안녕! 나는 마우스야.
컴퓨터를 다룰 줄 모르는 사람들에게
컴퓨터에 대해 자세히 알려 주는 길잡이란다.
자, 나와 함께 컴퓨터를 살펴볼까?"
지호는 어리둥절해하며 마우스를 따라갔어요.

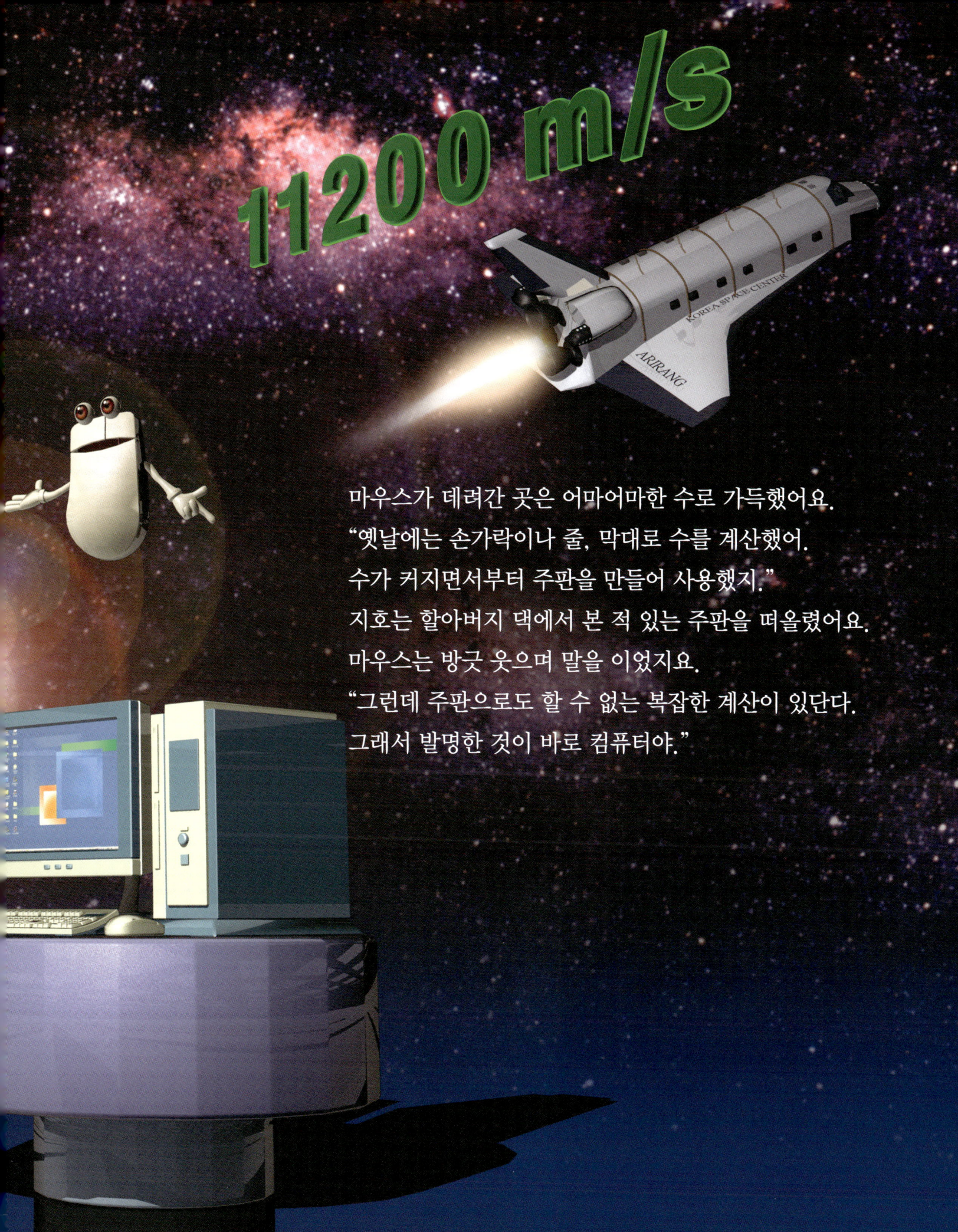

마우스가 데려간 곳은 어마어마한 수로 가득했어요.
"옛날에는 손가락이나 줄, 막대로 수를 계산했어.
수가 커지면서부터 주판을 만들어 사용했지."
지호는 할아버지 댁에서 본 적 있는 주판을 떠올렸어요.
마우스는 방긋 웃으며 말을 이었지요.
"그런데 주판으로도 할 수 없는 복잡한 계산이 있단다.
그래서 발명한 것이 바로 컴퓨터야."

"처음 나온 컴퓨터는 집채만 했어.
하지만 하는 일은 아주 단순했지."
"와, 집채만큼 큰 컴퓨터라고?"
마우스의 말에 지호는 눈이 휘둥그레졌어요.
책처럼 얇은 노트북 컴퓨터는 본 적이 있지만,
그렇게 큰 컴퓨터는 아무리 생각해 봐도
머릿속에 잘 그려지지 않았어요.

컴퓨터의 크기가 점점 작아져요.

처음 만든 컴퓨터는 크기가 교실 두 개를 차지할 정도로 컸어요. 그 뒤로 점점 작아지다가 반도체 기술이 발전하면서부터 지금처럼 작아졌지요. 반도체는 크기가 아주 작아도 많은 정보를 처리할 수 있어요.

정보 검색

언제든지 필요한 정보를 얻을 수 있어요.

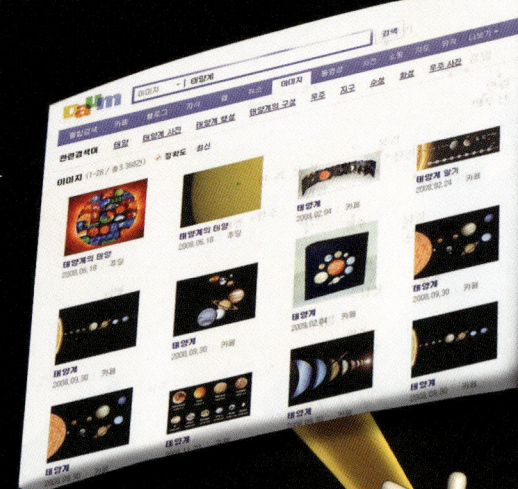

"컴퓨터의 가장 편리한 점은 인터넷을 할 수 있다는 거야. 전 세계의 컴퓨터가 통신망으로 연결되어 있어서 여러 가지 정보를 서로 주고받을 수 있거든."
"맞아! 어려운 숙제도 문제없고, 마트에 가지 않고도 물건을 살 수 있어. 엄마는 집에서 은행 일도 보는걸."
마우스의 말에 지호가 맞장구쳤어요.

인터넷은 정보의 바다예요.

인터넷은 전 세계의 컴퓨터를 연결한 커다란 통신망이에요. 누구나 정보를 올릴 수 있고, 필요한 정보를 내려받을 수 있지요. 그 덕분에 인터넷은 온갖 정보로 넘쳐 나요.

전자책

도서관에 가지 않고도 책을 읽을 수 있어요.

인터넷 쇼핑
마트나 백화점에 가지 않고도
물건을 살 수 있어요.

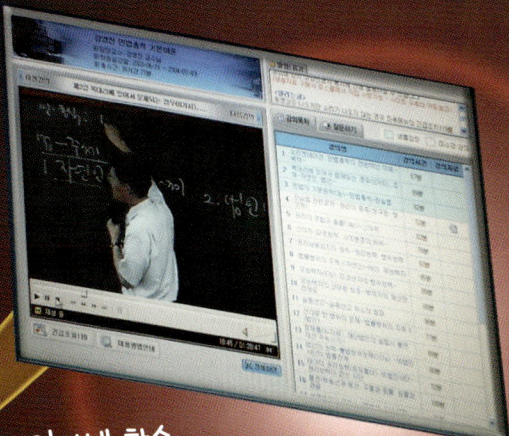

인터넷 학습
학교나 학원에 가지 않고도
강의를 들을 수 있어요.

인터넷 뱅킹
은행에 가지 않고도 은행 업무를 볼 수 있어요.

"참, 우리 형은 컴퓨터로 편지도 보내던데……."
"그건 '전자 우편'이라는 거야."
마우스는 화면에 전자 우편 창을 띄워 놓고
지호에게 차근차근 설명해 주었어요.
"상대방의 전자 우편 주소를 알면
전 세계 어느 곳에라도
단 몇 초 만에 편지를 보낼 수 있단다."

지구 반대편에 사는 친구에게도 단 몇 초 만에 편지를 보낼 수 있어.

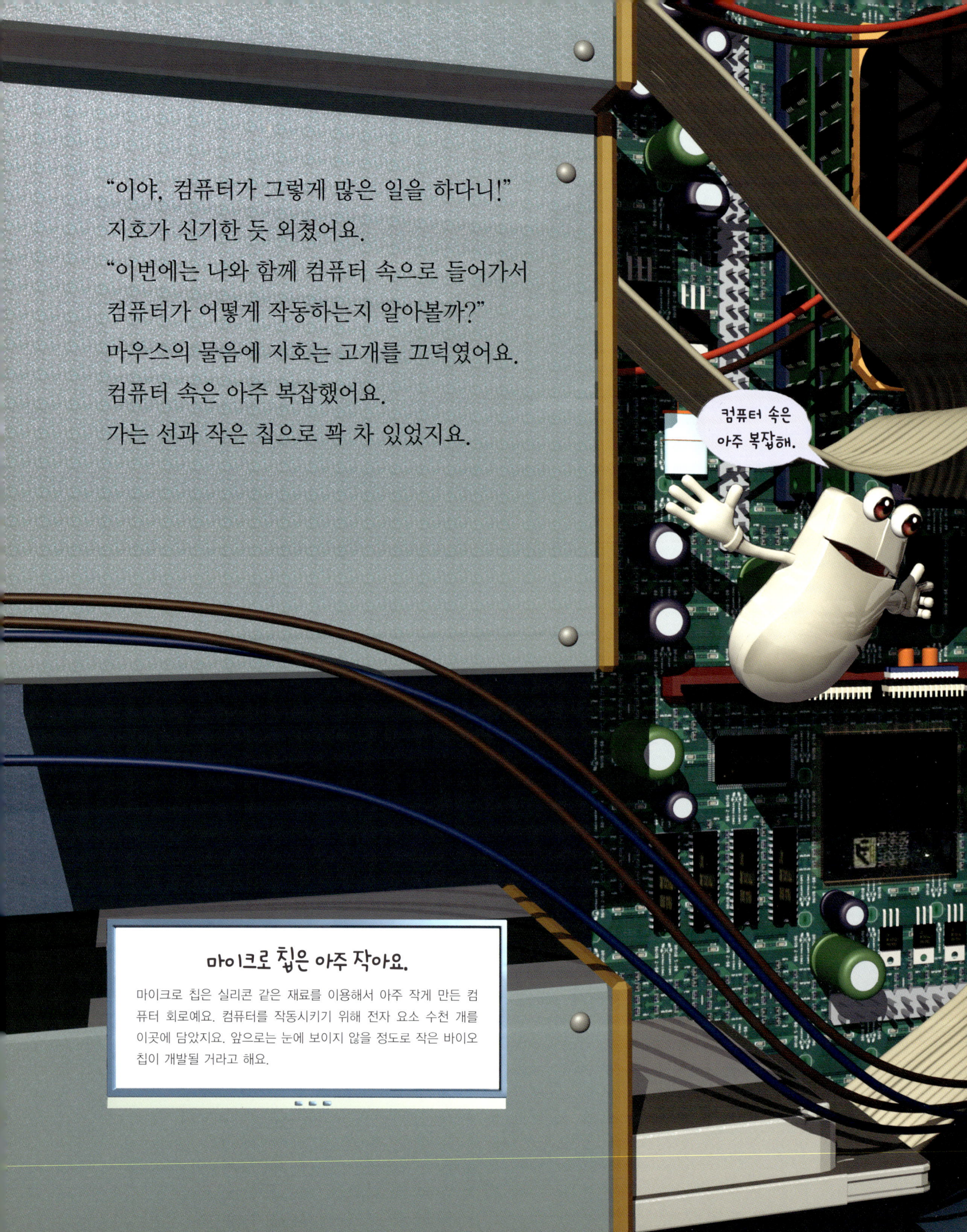

"이야, 컴퓨터가 그렇게 많은 일을 하다니!"
지호가 신기한 듯 외쳤어요.
"이번에는 나와 함께 컴퓨터 속으로 들어가서
컴퓨터가 어떻게 작동하는지 알아볼까?"
마우스의 물음에 지호는 고개를 끄덕였어요.
컴퓨터 속은 아주 복잡했어요.
가는 선과 작은 칩으로 꽉 차 있었지요.

컴퓨터 속은 아주 복잡해.

마이크로 칩은 아주 작아요.

마이크로 칩은 실리콘 같은 재료를 이용해서 아주 작게 만든 컴퓨터 회로예요. 컴퓨터를 작동시키기 위해 전자 요소 수천 개를 이곳에 담았지요. 앞으로는 눈에 보이지 않을 정도로 작은 바이오 칩이 개발될 거라고 해요.

"컴퓨터는 하드웨어와 소프트웨어로 나뉘어.
하드웨어는 '사람의 몸'이라고 할 수 있고,
소프트웨어는 '사람의 두뇌'라고 할 수 있지."
지호가 알쏭달쏭한 표정을 짓자,
마우스는 더욱 자세히 설명해 주었어요.
"하드웨어에는 다섯 가지 장치가 있단다.
바로 입력, 출력, 기억, 연산, 제어 장치야."

하드웨어는 사람의 몸,
소프트웨어는 사람의 두뇌?

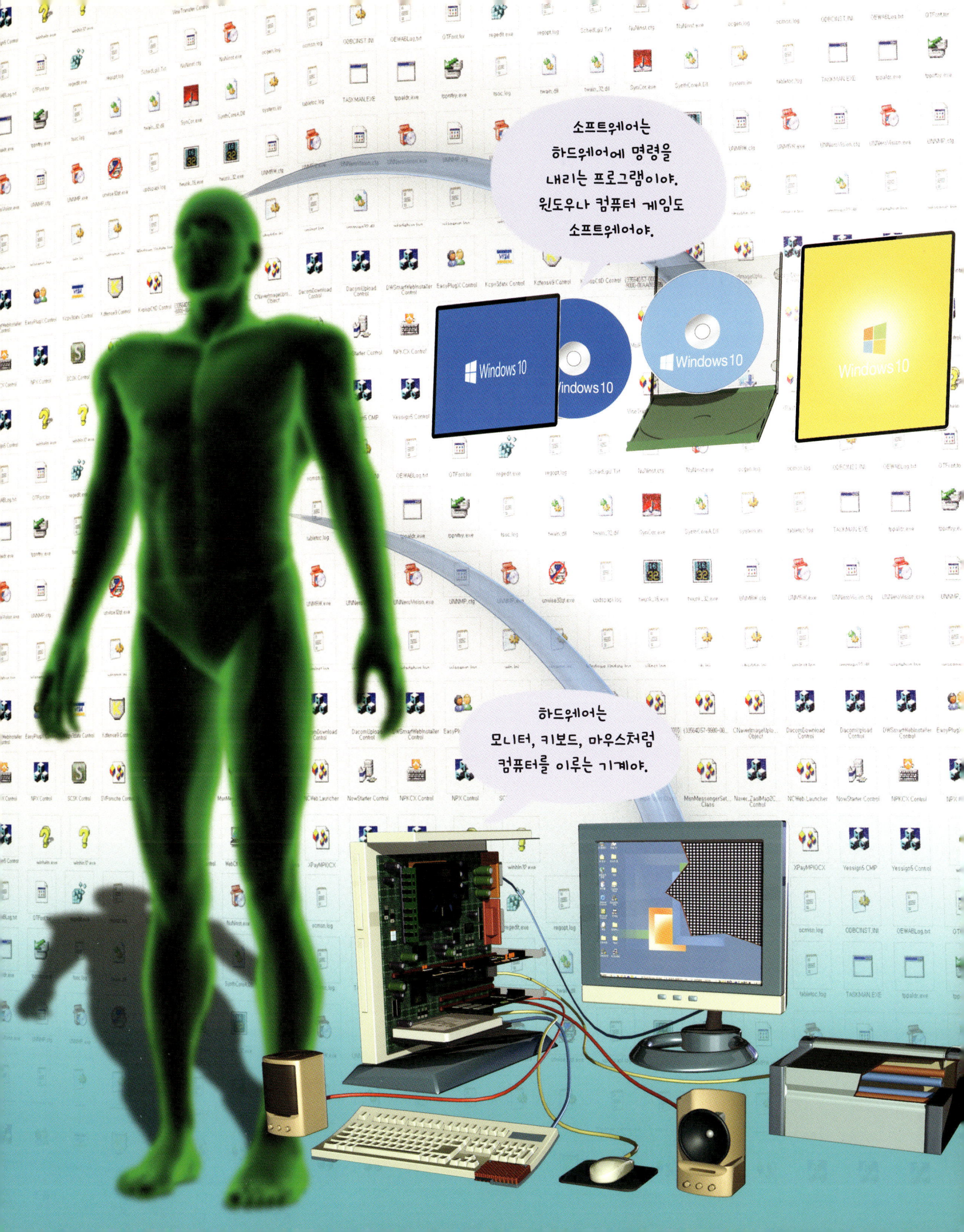

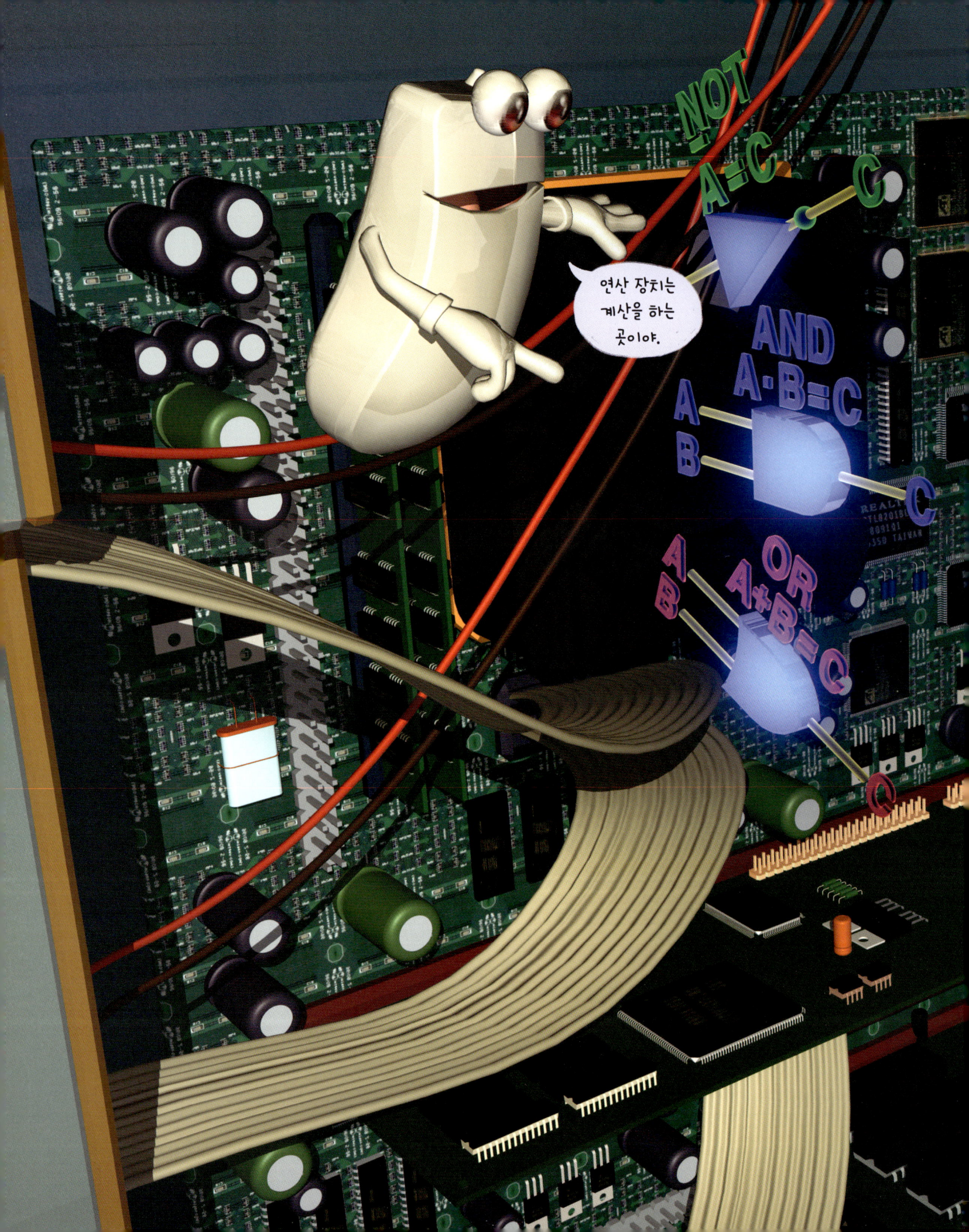

"이제 연산 장치와 제어 장치를 살펴볼까?
연산 장치는 계산을 하는 곳이고,
제어 장치는 명령을 내리는 곳이야.
입력, 연산, 출력 장치도 모두
제어 장치가 작동시킨단다."
"아함, 컴퓨터는 너무 복잡해."
지호가 연방 하품을 하며 말했어요.

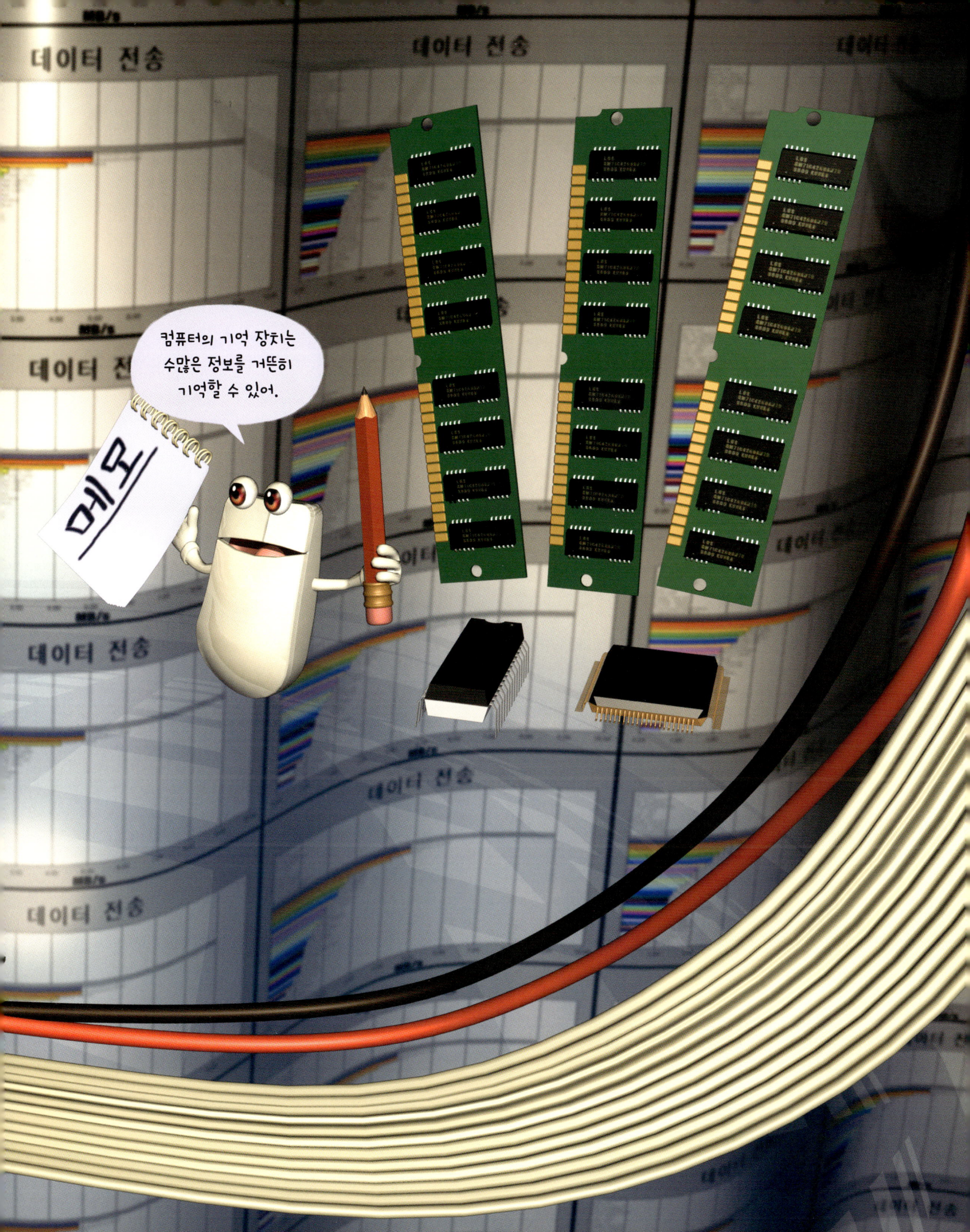

"어때? 컴퓨터의 세계는 정말 놀랍지?"
마우스가 으스대며 지호를 돌아보았어요.
그런데 지호는 책상에 엎드린 채
어느새 깊이 잠들어 있었지요.
"음냐……. 형아, 나도 한 번만……."
지호가 몸을 뒤척이며 잠꼬대를 하자,
마우스는 빙그레 웃으며 스르르 사라졌어요.

네티켓을 꼭 지켜요.

네티켓은 네트워크와 에티켓을 합한 말이에요. 곧 '인터넷 예절'이라는 뜻이지요. 네티켓을 잘 지켜야 인터넷 문화가 더욱 발전할 수 있답니다.

19세 이상의 사이트에 들어가지 않아요.

욕설이나 악성 댓글을 달지 않아요.

불법으로 정보를 내려받지 않아요.

개인의 정보를 함부로 올리지 않아요.

시간을 정해 놓고 인터넷을 해요.

응용 과학 | 컴퓨터

미리 보는 교과서

도덕 5학년 4. 밝고 건전한 사이버 생활
실과 6학년 4. 소통하는 소프트웨어

아이들이 꼭 알아야 할 과학 원리로는 어떤 것이 있을까요?
각 주제에 따라 초등 교과 내용과 관련된 내용을 알기 쉽게 풀이했어요.
놀랍고도 신비한 과학 원리를 재미있는 글과 생동감 넘치는 그림으로 알아보아요.

컴퓨터는 사람의 뇌와 똑같아!

사람의 뇌는 감각 기관을 통해 받아들인 정보를 기억하고
판단해서 반응해요. 컴퓨터도 마찬가지예요. 외부에서
정보를 받아들이고, 기억하고, 계산하고, 반응하면서
일처리를 한답니다.

와! 컴퓨터가 이렇게 생겼구나.

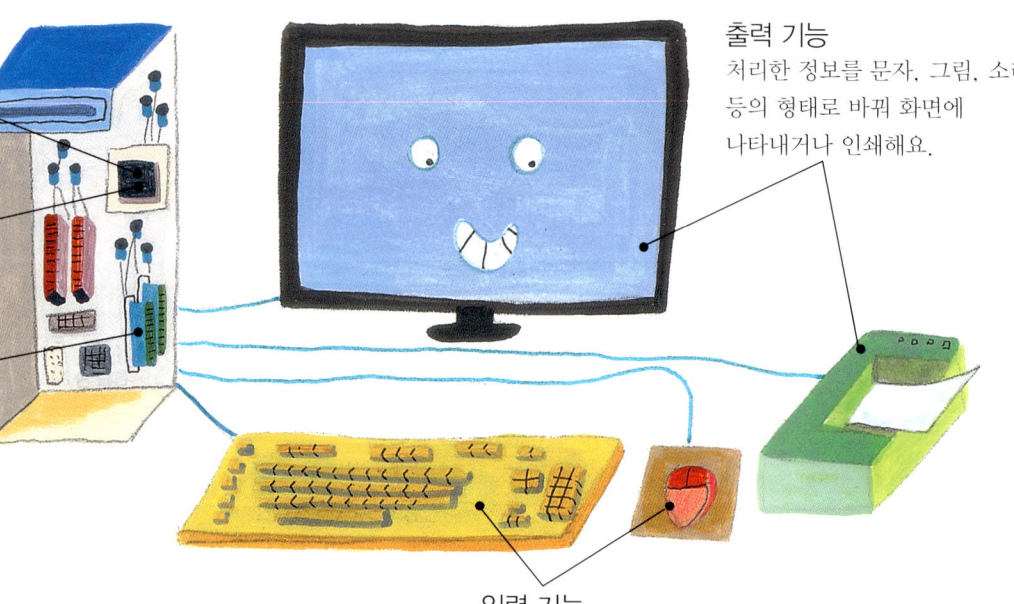

제어 기능
입력, 기억, 연산, 출력 등의
모든 처리를 제어해요.

연산 기능
기억해 둔 정보나 프로그램을
통해 계산을 해요.

기억 기능
정보나 프로그램,
처리 결과 등을 기억해요.

출력 기능
처리한 정보를 문자, 그림, 소리
등의 형태로 바꿔 화면에
나타내거나 인쇄해요.

입력 기능
키보드나 마우스를 통해
외부의 자료를 받아들이고
컴퓨터 내부로 전달해요.

컴퓨터는 정말 0과 1밖에 모를까?

사람은 정보를 처리하는 데 다양한 문자와 말을 사용해요. 반면에 컴퓨터는 단순하게 0과 1밖에 쓰지 않아요. 컴퓨터는 0은 불이 안 들어오고, 1은 불이 들어오게 하는 방식으로 일처리를 해요. 숫자나 사진, 그림, 소리, 글자 등의 정보를 모두 0과 1로 바꾸어 받아들이지요.

전 세계를 하나로 이어 주는 인터넷

인터넷은 전 세계의 컴퓨터를 연결하여 서로 정보를 주고받을 수 있도록 만들어 놓은 거대한 통신망이에요. 정보가 엄청나게 많아서 인터넷을 흔히 '정보의 바다'라고 하지요. 인터넷으로 연결된 세계는 실제 세상과는 다른 또 하나의 세상을 이루고 있답니다.

미래의 컴퓨터는 어떤 일을 할까요?

미래에는 컴퓨터가 지금보다 훨씬 복잡하고 폭넓은 일을 할 거예요. 인공 지능을 가진 로봇이 사람의 일을 대신 하고, 휴대 전화로 여러 가지 일을 명령하고 처리해요. 또 컴퓨터의 모습도 매우 다양하게 개발될 거예요.

재미있는 과학 이야기

아이들이 호기심을 가질 만한 **컴퓨터** 이야기로는 어떤 것이 있을까요? 먹고, 잠자고, 놀이하는 일상 속에 숨어 있는 재미있는 과학 이야기를 살펴보아요.

파리는 나의 에너지야!

로봇이 정말 파리를 먹나요?

로봇의 발전은 우리의 상상을 뛰어넘어요. 2004년, 영국에서 개발한 '에코봇 2'라는 로봇은 파리를 먹고 움직여요. 에코봇 2의 몸에는 하수 오물이 들어 있는 연료 전지 8개가 달려 있는데, 연료 전지에 파리를 넣으면 오물에 있는 박테리아가 파리를 구성하는 물질 가운데 당분을 분해해요. **이때, 전류를 일으키는 전자가 나와서 그 힘으로 로봇이 움직**이지요. 에코봇 2는 사람이 할 수 없는 위험한 일을 처리해요.

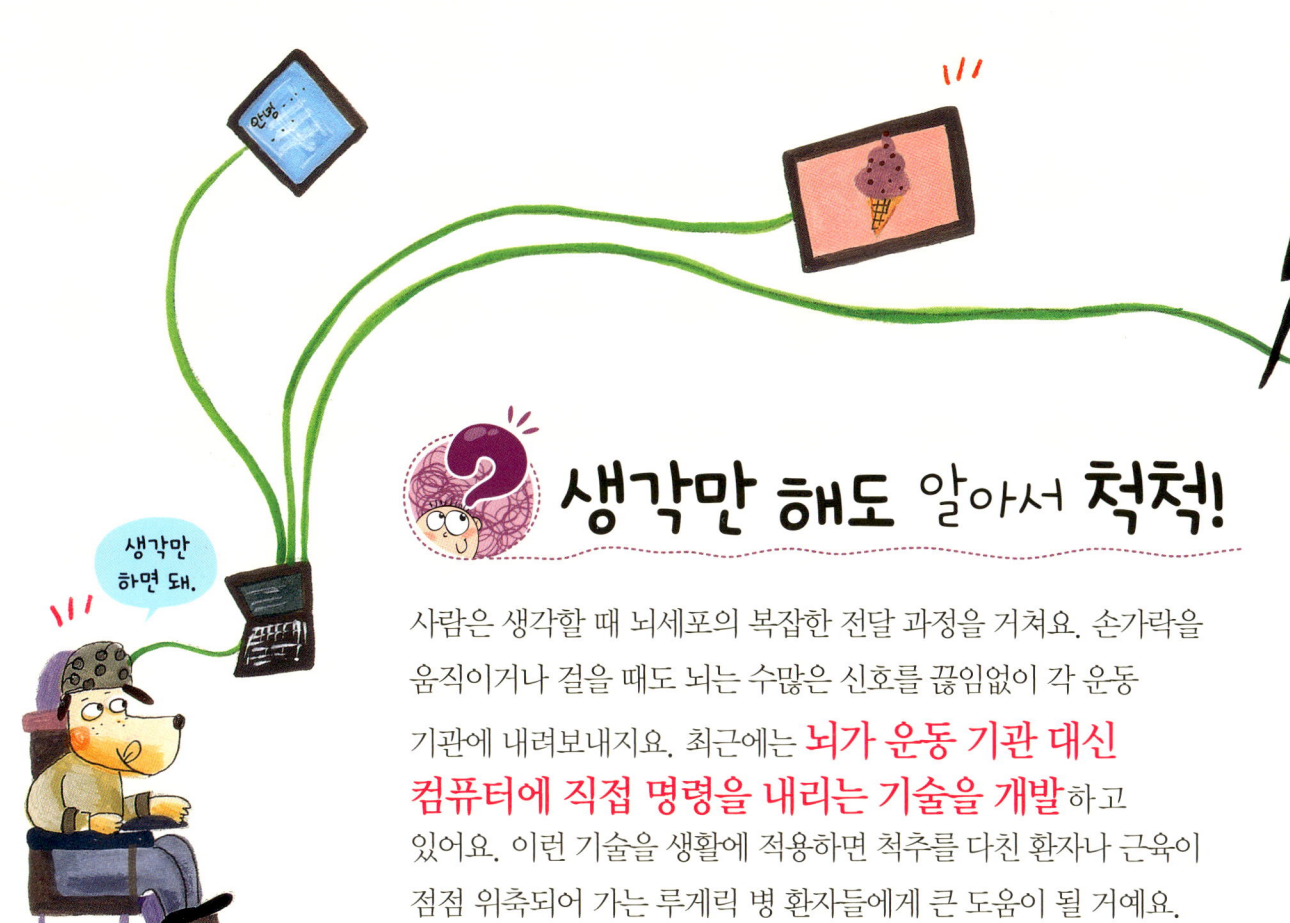

생각만 해도 알아서 척척!

사람은 생각할 때 뇌세포의 복잡한 전달 과정을 거쳐요. 손가락을 움직이거나 걸을 때도 뇌는 수많은 신호를 끊임없이 각 운동 기관에 내려보내지요. 최근에는 **뇌가 운동 기관 대신 컴퓨터에 직접 명령을 내리는 기술을 개발**하고 있어요. 이런 기술을 생활에 적용하면 척추를 다친 환자나 근육이 점점 위축되어 가는 루게릭 병 환자들에게 큰 도움이 될 거예요. 또한 스위치를 누르지 않아도 생각만으로 불을 끄거나 켤 수 있답니다.

컴퓨터를 입는다고요?

컴퓨터의 모양이 하루가 다르게 발전하고 있어요. 최근에는 옷처럼 입는 컴퓨터를 개발하고 있답니다. **기능이 좋은 섬유에 디지털 센서나 지피에스(GPS), 초소형 통신 기기와 엠피스리(MP3) 플레이어 등을 넣어 편리하게 사용할** 수 있지요. 이런 컴퓨터를 입고 있으면 언제 어디서든 인터넷이나 네트워크에 접속해 원하는 작업을 처리할 수 있어요. 머지않아 이런 옷을 입고 다니는 날이 오지 않을까요?

단순한 친구들

6, 7세 유아부터 초등 저학년을 위한 과학 지식 그림책 시리즈예요. 이야기를 재미있게 읽다 보면 저절로 과학 원리와 개념을 깨우칠 수 있어요. 생물, 환경, 인체, 물리, 화학, 지구과학, 응용과학 등 7개 영역의 지식을 폭넓게 담아 아이들의 호기심을 자극하고 창의적 사고력을 쑥쑥 키워 줄 거예요.

생물

- 01. 도토리가 톡! 식물의 잎과 줄기 최규순 글 · 김동성 그림
- 02. 나는 소중해! 풀 조임생 글 · 이정인 그림
- 03. 바람아, 내 짝을 찾아 줘! 나무 최규순 글 · 오현균 그림
- 04. 삐까뿌까 별에 생긴 일 채소와 씨앗 윤아해 글 · 이승수 그림
- 05. 두치의 열매 찾기 대작전 열매 우현옥 글 · 정수연 그림
- 06. 버섯은 식물일까? 동물일까? 식물의 분류 편대범 글 · 오현아 그림
- 07. 특별한 재주는 내가 최고! 식물의 환경 적응 전민희 글 · 강동훈 그림
- 08. 호숫가에 소시지가 열렸어요 물살이 식물 강용숙 글 · 조민경 그림
- 09. 곤충이 바쁘다, 바빠! 곤충 조임생 글 · 정수연 그림
- 10. 숨바꼭질은 정말 재미있어! 어류와 양서류 박지숙 글 · 이종균 그림
- 11. 숲 속의 가수왕 종다리 조류 김경숙 글 · 김홍열 그림
- 12. 개구쟁이 공룡 구노 공룡 박효미 글 · 니키타 안드레에프 그림
- 13. 짝꿍이 되어 줄래? 동물의 암수 박지숙 글 · 빅토르 바스트리킨 그림
- 14. 누구랑 놀지? 동물의 분류 윤아해 글 · 오현균 그림
- 15. 거꾸로 거꾸로 아기 청개구리 동물의 환경 적응 송은영 글 · 심상정 그림
- 16. 늑대가 사라진다면 생태계의 평형 전민희 글 · 김용옥 그림

환경

- 17. 시골로 돌아갈래! 공기의 오염 이순남 글 · 박준 그림
- 18. 땅이 아파서 끄응 끙 토양의 오염 조임생 글 · 조준봉 그림
- 19. 쓰레기 숲? 해오름 숲! 쓰레기와 재생 윤희정 글 · 김성은 그림
- 20. 담담이가 보낸 편지 사라져 가는 동식물 우현옥 글 · 조성덕 그림
- 21. 임금님은 새것만 좋아해 친환경적인 집 임정진 글 · 알렉산더 스베르부타 그림

🏃 인체

- 22. 엄마, 내 말 들려요? 생명의 탄생 이옥주 글 · 이은복 그림
- 23. 뼈야 생겨라, 얍! 뼈와 근육 양대승 글 · 박지훈 그림
- 24. 신경은 뇌의 심부름꾼 뇌와 신경 이지현 글 · 조준봉 그림
- 25. 반응하라! 오 감각 감각 기관 김지현 글 · 김경복 그림
- 26. 구석구석 온몸 여행 심장과 혈액 오영선 글 · 전경선 그림
- 27. 들락날락 들숨, 날숨 호흡 홍준의 글 · 라애란 그림
- 28. 똥 속에 풍덩! 소화와 배설 양대승 글 · 박밀례 그림
- 29. 나, 엄마 아들 맞아요? 유전과 혈액형 이정경 글 · 김현정 그림